태어납니다 사라집니다

• 이 책에 나오는 숫자는 상징적인 것입니다.

# 태어납니다 사라집니다

글 유미희 | 그림 장선환

초록개구리

지구별은 바빠요.

1초에도
새 일회용 컵이 태어납니다.

139,643개… 3,503,098개… 27,890,000개….

1초에도
구상나무가 사라집니다.
야자나무가 사라집니다.
맹그로브 나무가 사라집니다.

30그루… 165그루… 1,845그루….

1분에도
새 옷이 태어납니다.

986벌… 29,986벌… 340,654,000벌….

1분에도
청개구리가 사라집니다.
열목어가 사라집니다.
긴꼬리수달이 사라집니다.

4마리… 42마리… 297마리….

한 시간에도
새 컴퓨터가 태어납니다.

6,987대… 234,980대… 24,900,458대….

한 시간에도
붉은점모시나비가 사라집니다.
수리부엉이가 사라집니다.
참호박뒤영벌이 사라집니다.

6마리… 88마리… 233마리….

하루에도
새 에어컨이 태어납니다.

23,000대… 298,080대… 2,435,986대….

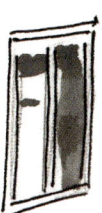

하루에도
털줄왼손집게가 사라집니다.
대왕조개가 사라집니다.
푸른바다거북이 사라집니다.

45마리… 344마리… 1,100마리….

한 달에도
새 자동차가 태어납니다.

10,000대… 129,000대… 4,349,001대….

한 달에도
광릉요강꽃이 사라집니다.
선제비꽃이 사라집니다.
날개하늘나리가 사라집니다.

6포기… 29포기… 280포기….

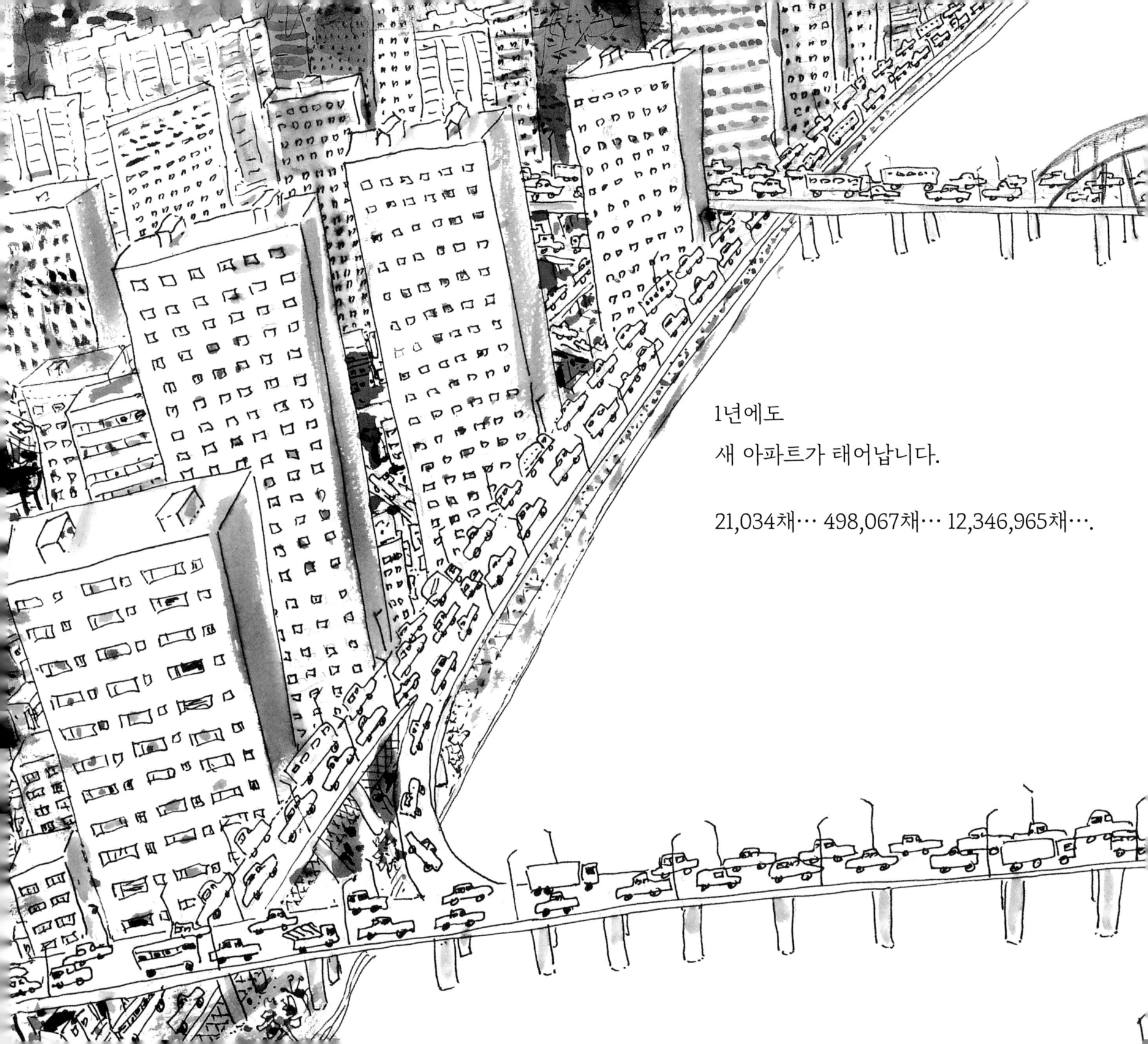

1년에도
새 아파트가 태어납니다.

21,034채… 498,067채… 12,346,965채….

1년에도
사막여우가 사라집니다.
흰코뿔소가 사라집니다.
긴팔원숭이가 사라집니다.

26마리… 145마리… 1,007마리….

십 년, 오십 년, 백 년 뒤……
사람들은 누구랑 놀까요?

새 떠난 산에서
물고기 놀지 않는 강에서
풀벌레 노랫소리 끊긴 숲에서

바다 생물들 구멍 집 떠난 갯벌에서
들꽃들 소풍 나오지 않는 언덕에서
동물들 이어달리기 볼 수 없는 초원에서

사람들은 누구랑 살까요?
단 하나뿐인 쓰레기별에서….

## 글 유미희

도서관과 학교에서 시와 그림책을 통해 어린이들을 만나고 있습니다.
연필시 문학상, 우리나라 좋은 동시문학상, 오늘의 동시문학상, 제41회 한국동시문학상, 서울문화재단 창작 지원금, 대산문화재단 창작 지원금 등을 받았어요.
지은 책으로 동시집 《뭘 그렇게 재니?》, 《오빤 닭머리다!》, 《내 맘도 모르는 게》, 《고시랑거리는 개구리》, 《짝꿍이 다 봤대요》, 그림책 《메뚜기 탈출 사건》이 있습니다.

> '툭!'
> 다 쓴 종이컵 한 개를 쓰레기통에 버릴 때였어요.
> '지금 이 순간 나처럼 컵을 버린 사람이 또 있겠지?'
> 그 생각의 끝에서, 이 책을 쓰게 되었어요.
> 누가 돌보지 않아도, 들에 잔뜩 피어 크는 메꽃과 자운영꽃, 개울에 송사리들,
> 갯벌에 게와 고둥 들이 오래오래 인간과 더불어 살아가는 세상이 되길 꿈꿔 봅니다.

## 그림 장선환

서울에서 태어나 경희대학교 미술교육학과와 동 대학원 회화과를 졸업했습니다. 화가이자 그림책 작가로 활동하며 대학에서 학생들을 가르쳤어요.
네이버 캐스트 '인물 한국사'에 그림을 연재했고, 현재 한겨레신문 '앞선 여자'에 그림을 연재 중입니다.
쓰고 그린 책으로 《네 등에 집 지어도 되니?》, 《우리가 도와줄게》, 《아프리카 초콜릿》, 《안녕, 파크봇》, 《아빠 새》, 《갯벌 전쟁》이 있고,
그린 책으로는 《임진록》, 《땅속나라 도둑 괴물》, 《나무꾼과 선녀》, 《햇볕 동네》, 《천천히 제대로 읽는 한국사》(전5권) 등이 있습니다.

> 어느 봄날, 맑고 깨끗한 하늘 아래 꽃잎에 실려 오는 향기를 느끼며
> 난 너무나 행복합니다. 이 지구에 살고 있어서…….

마음은 넓게 생각은 깊게 **가로세로그림책**은 초등학생을 위한 그림책 시리즈입니다.
이웃과 좀 더 가까워지고 싶은 어린이의 마음, 세상을 좀 더 알고 싶은 어린이의 생각을
그림과 이야기에 담아 펼쳐 냅니다.

가로세로그림책 12
**태어납니다 사라집니다**

**처음 펴낸 날** 2020년 6월 5일 | **아홉 번째 펴낸 날** 2025년 5월 9일

**글** 유미희 | **그림** 장선환
**펴낸이** 이은수 | **편집** 오지명 | **디자인** 합정디자인스튜디오
**펴낸곳** 초록개구리 | **출판등록** 2004년 11월 22일(제300-2004-217호)
**주소** 서울시 종로구 비봉2길 32, 3동 101호 | **전화** 02-6385-9930 | **팩스** 0303-3443-9930
**인스타그램** instagram.com/greenfrog_pub

**ISBN** 979-11-5782-087-0 77810
**ISBN** 978-89-92161-35-0 (세트)

이 도서의 국립중앙도서관 출판시도서목록(CIP)은 서지정보유통지원시스템 홈페이지(http://seoji.nl.go.kr)와
국가자료공동목록시스템(http://www.nl.go.kr/kolisnet)에서 이용하실 수 있습니다.(CIP제어번호: CIP2020020460)